22 février 1853.

Continuation

CATALOGUE

D'UNE RÉUNION

D'OBJETS D'ART

ET DE CURIOSITÉ,

Porcelaines de Sèvres, pâte tendre, Porcelaines de Saxe, de Chine et du Japon montées en bronze doré et non montées, Bronzes, Pendules, Lustres, Candélabres, Meubles en marqueterie de Boule et bois rose, Armes anciennes, Bronzes Chinois, Ivoires, Émaux, Tapisseries et Soieries, etc.,

DONT LA VENTE AUX ENCHÈRES PUBLIQUES AURA LIEU,

par suite du décès de M. GANSBERG,

Hôtel des Ventes Mobilières,

RUE DES JEUNEURS, N. 42 bis,
Salle N° 1,

Les Mardi 22, Mercredi 23 et Jeudi 24 Février 1853,
heure de midi.

Par le ministère de Me **RIDEL**, Commissaire-Priseur,
rue Saint-Honoré, 335,
Assisté de M. **ROUSSEL**, Expert, rue du Dragon, n. 33,
Chez lesquels se distribue le présent Catalogue.

EXPOSITION PUBLIQUE

Le Lundi 21 Février 1853, de midi à quatre heures.

Exemplaire de Beurdeley père.

PARIS

MAULDE ET RENOU
IMPRIMEURS DE LA COMPAGNIE DES COMMISSAIRES-PRISEURS,
Rue de Rivoli prolongée, au coin de celle de l'Arbre-Sec.

1853

CONDITIONS DE LA VENTE.

Elle sera faite au comptant.

Les acquéreurs paieront, en sus des adjudications, cinq centimes par franc applicables aux frais de vente.

ORDRE DES VACATIONS.

Le MARDI 22 FÉVRIER. — Porcelaines de Sèvres et de Saxe.

Le MERCREDI 23. — Bronzes, Porcelaines montées et les Meubles.

Le JEUDI 24. — Armes, Bronzes chinois et Objets divers de curiosité.

CATALOGUE
D'OBJETS D'ART ET DE CURIOSITÉ.

DÉSIGNATION

Porcelaines d'ancien Sèvres.

1 — Un cabaret en porcelaine de Sèvres, décoré de bouquets de fleurs, composé de onze tasses, une théière, un sucrier et un pot à lait.

2 — Une jardinière en porcelaine de Sèvres, bleu turquoise, médaillon à sujet pastoral et bouquets de fleurs, monture à guirlandes en bronze doré.

3 — Un broc en porcelaine de Sèvres, pâte tendre, fond bleu de Vincennes, cartels à sujets chinois, camaïeu or.

4 — Deux seaux festonnés et à anses en porcelaine de Sèvres, pâte tendre, décor d'oiseaux et de fleurs.

5 — Un seau de moyenne grandeur en porcelaine de Sèvres, décoré de fleurs.

6 — Un petit seau en porcelaine de Sèvres, pâte tendre, décoré de fleurs.

7 — Deux saladiers festonnés en porcelaine de Sèvres, pâte tendre, décorés de bouquets de roses.

8 — Un saladier en porcelaine de Sèvres, pâte tendre, décoré de roses.

9 — Neuf assiettes en porcelaine de Sèvres, de divers décors.

10 — Huit assiettes en porcelaine de Sèvres, gaufrées, décor à bouquets de roses.

11 — Une verrière en porcelaine de Sèvres, fond bleu de roi, à médaillons d'oiseaux et de fleurs.

12 — Une assiette en porcelaine de Sèvres, fond bleu, médaillon d'oiseaux et cartel de fleurs.

13 — Deux vases, forme coupes, en porcelaine tendre, fond bleu, médaillons d'oiseaux et guirlandes de fleurs avec monture en bronze doré.

14 — Un cabaret en porcelaine de Sèvres, blanche, composé de six tasses, une théière, un pot à lait, et un sucrier.

15 — Deux plateaux d'écuelles en porcelaine de Sèvres, pâte tendre, l'un fond bleu de roi,

l'autre bleu turquoise, médaillons de fleurs et de fruits.

16 — Un joli plateau en porcelaine de Sèvres, pâte tendre, fond bleu de roi et vert, médaillons à sujet pastoral et de fleurs, très riche décor.

17 — Deux mortiers en porcelaine de Sèvres, pâte tendre, décorés d'oiseaux et de fleurs.

18 — Six plats ronds festonnés, décorés de fleurs, porcelaine de Sèvres, pâte tendre.

19 — Neuf assiettes en porcelaine de Sèvres, pâte tendre, à bouquets de fleurs.

20 — Un saladier, porcelaine de Sèvres, pâte tendre, à bouquets de fleurs.

21 — Six pots à crème à couvercles en porcelaine de Sèvres, pâte tendre, à bouquets de fleurs.

22 — Neuf pots à crème en porcelaine bleu turquoise.

23 — Trois plats ovales et un plateau en porcelaine de Sèvres, pâte tendre, décor à bouquets.

24 — Trente-deux manches de couteaux en porcelaine de Sèvres bleu turquoise, décorés de fleurs.

25 — Douze manches de couteaux en porcelaine de Sèvres bleu turquoise, à médaillons de fleurs.

26 — Une belle cassolette ovale en porcelaine de Sèvres bleu turquoise, à médaillons d'oiseaux et de fleurs, très riche monture rocaille en bronze doré.

27 — Une coupe carrée en porcelaine de Sèvres, œils de perdrix et rubans bleu turquoise, décor d'oiseaux et de fleurs, riche monture en bronze doré.

28 — Une écritoire en porcelaine de Sèvres, fond bleu de roi, médaillons de fleurs, monture en bronze doré.

29 — Deux assiettes en porcelaine de Sèvres, fond bleu turquoise, à médaillons d'oiseaux et cartels de fleurs.

30 — Un saladier en porcelaine de Sèvres, pâte tendre, non décoré.

31 — Onze assiettes en porcelaine de Sèvres, pâte tendre, blanc uni, à dentelle d'or avec chiffre.

32 — Deux compotiers fond bleu, décor d'oiseaux et de fleurs, porcelaine de Sèvres.

33 — Un vase à deux anses en porcelaine de Sèvres bleu roi.

34 — Un porte-huilier, porcelaine de Sèvres, pâte tendre, fond bleu turquoise, décoré de fleurs.

35 — Un bougeoir en porcelaine de Sèvres, fond bleu à médaillons de fleurs, monté en bronze doré.

36 — Un pot à lait en porcelaine de Sèvres, pâte tendre, à guirlandes de chênes et bouquets de roses.
37 — Un beurrier, porcelaine de Sèvres, pâte tendre, fond bleu de roi, cartels d'oiseaux.
38 — Deux grandes tasses forme droite, guirlandes de chênes et de fleurs.
39 — Deux tasses, l'une en porcelaine de Sèvres dure à bouquets de roses, et l'autre en porcelaine de Sèvres tendre bleu de roi.
40 — Une grande tasse, forme cul de poule, et sa soucoupe, porcelaine de Sèvres fond blanc, à bouquets de fleurs.
41 — Une tasse, forme droite, et sa soucoupe, fond bleu clair à décor d'or très riche.
42 — Une autre tasse, forme droite, fond rose à bandes bleues, décorée de fleurs, porcelaine de Sèvres tendre.
43 — Deux tasses, forme droite, porcelaine de Sèvres, pâte dure, l'une fond bleu clair et l'autre fond rose, dessins chinois et arabesques.
44 — Une grande tasse, forme cul de poule, en porcelaine de Sèvres, pâte tendre, décor camaïeu vert.
45 — Une tasse droite et sa soucoupe, à rubans bleus et bouquets de fleurs.
46 — Une tasse et sa soucoupe fond bleu à réseaux d'or, médaillons à sujets et fleurs.

47 — Une tasse carrée fond blanc à œils de perdrix.

48 — Une tasse forme droite, à bandes bleu clair et rouge, et guirlandes d'or.

49 — Une tasse à deux anses et à couvercle, fond vert, décor à médaillons de fleurs.

50 — Une tasse et sa soucoupe décorée de grecs bleus, sur fond rose et de guirlandes.

51 — Une grande tasse fond vert, à arabesques et fleurs d'un très beau décor.

52 — Une autre tasse, forme droite, avec sa soucoupe, fond bleu turquoise à petits bouquets bleus.

53 — Une petite tasse, forme droite, et sa soucoupe, porcelaine de Sèvres, pâte tendre, fond bleu de roi à guirlandes de fleurs.

54 — Une tasse de même forme, fond rose à petits bouquets.

55 — Une autre tasse de même forme, fond jaune à bouquets bleus.

56 — Deux tasses sans soucoupe, l'une forme droite, fond bleu, et l'autre cul de poule, fond vert à médaillons de fleurs; un coquetier bleu turquoise, porcelaine de Sèvres tendre.

57 — Une tasse et sa soucoupe, porcelaine de Sèvres, à bouquets de roses.

58 — Une tasse et sa soucoupe, fond bleu à réseaux d'or et cartel de fleurs.

59 — Une tasse dite de trembleur, fond bleu turquoise à cartel de fleurs.
60 — Une tasse et sa soucoupe en porcelaine de Sèvres, pâte tendre bleu de roi, médaillons à sujet pastoral.
61 — Une tasse et sa soucoupe, porcelaine de Sèvres, pâte tendre bleu de roi, et médaillons d'oiseaux.
62 — Une grande tasse, forme cul de poule, fond bleu de roi, à médaillons d'oiseaux.
63 — Une tasse dite de trembleur, bleu turquoise, médaillon d'Amours et cartels à trophées.
64 — Un pot à crême en porcelaine de Sèvres, pâte tendre, fond bleu de roi à arabesques d'or, et médaillons de fleurs.
65 — Un pot à crême en porcelaine de Sèvres, pâte tendre à œils de perdrix, fond vert, et médaillons d'Amours.
66 — Une cafetière et un pot à lait, porcelaine de Sèvres, bleu turquoise, décorée de fleurs.
67 — Un vase en porcelaine de Sèvres, bleu de roi, médaillons de figures et d'oiseaux.
68 — Un cabaret en porcelaine de Sèvres, pâte dure à bouquets, composé d'un plateau et quatre pièces.
69 — Douze tasses en porcelaine de Sèvres, forme carrée, décorées de fleurs.
70 — Deux figures en biscuit de Sèvres, villageois et villageoise.

71 — Deux groupes en biscuit de Sèvres, jeune fille et jeune garçon.
72 — Une figure en porcelaine blanche, joueur de musette.
73 — Deux cariatides têtes casquées sur gaines bleu turquoise.
74 — Un lot de plaques en porcelaine pâte tendre, fond bleu turquoise, décorés de fleurs et d'oiseaux.
Sera divisé.
75 — Un grand nombre de pièces en porcelaine de Sèvres, pâte tendre, de divers décors.
Sera divisé.
76 — Cinq assiettes en porcelaine tendre de Tournay, décor violet et or.
77 — Une saucière en porcelaine de Sèvres, bleu turquoise, décorée de fleurs.

Porcelaines de Saxe.

78 — Une paire de grands seaux en porcelaine de Saxe, décor d'oiseaux et de fleurs.
79 — Un grand pot à lait en porcelaine de Saxe, décoré de fleurs, et un autre pot à lait plus petit.
80 — Un grand plateau à deux anses en porcelaine de Saxe, décoré de fleurs.

81 — Un service en porcelaine de Saxe, décoré de médaillons à sujets pastoraux et entourage d'or, composé de vingt-trois pièces.

82 — Un sucrier en porcelaine de Saxe, médaillons de paysages et marins.

83 — Un groupe de quatre figures en porcelaine de Saxe.

84 — Un groupe en porcelaine d'Allemagne, Vénus et Adonis.

85 — Une coupe ovale en porcelaine de Saxe gaufrée, décorée de fleurs, monture en bronze doré.

86 — Huit tasses et un sucrier en porcelaine de Saxe, décorée de fleurs.

87 — Trois figurines en porcelaine de Saxe, chasseur et joueurs de flûtes.

88 — Un groupe de deux figures, porcelaine de Saxe, sujet de la comédie italienne.

89 — Deux figurines, jeune fille et jeune garçon.

90 — Une figurine, bergère tenant un bouquet de fleurs.

91 — Deux figurines, le joueur de musette et la joueuse de vielle.

92 — Deux figurines, l'Amour capucin et une jeune fille.

93 — Deux figurines, jeunes filles assises donnant à manger à un chat.

94 — Deux figurines, jardinier et jardinière.

95 — Deux figurines, joueur de flûte et bergère.

96 — Deux figurines, jeune fille donnant à manger à un chat, et jeune garçon.
97 — Une figure, personnage de la comédie italienne.
98 — Une figure, femme tenant un perroquet.
99 — Deux beaux groupes en biscuit de Saxe, l'Amour et Psyché, Vénus et Adonis.
100 — Un groupe de trois figures en porcelaine de Saxe.
101 — Deux groupes d'Amours en pendant.
102 — Deux figures, vielleur et vielleuse.
103 — Une figure de vielleuse.
104 — Deux figures en pendant en biscuit de Saxe, Vénus Callipyge et Apollon.
105 — Une boîte formée d'un animal chimérique en porcelaine de Saxe, monture en argent doré.
106 — Un groupe de tritons en porcelaine d'Allemagne, provenant du pied d'une coupe.

Porcelaines diverses montées en bronze doré et non montées.

107 — Une paire de vases en porcelaine tendre, décor bleu de roi, à médaillons, montés en bronze doré supportant des bouquets qui forment candélabres aussi en bronze doré.

108 — Une pendule en forme de lyre, en porcelaine bleu de roi, ornée de guirlandes de fleurs et de perles en bronze doré.

109 — Deux candelabres à bouquets de lis dans des vases en porcelaine céladon à dessins camaïeux bleus, garniture en bronze.

110 — Une pendule style Louis XVI, en porcelaine tendre, fond bleu turquoise, décorée d'oiseaux et de fleurs, monture en bronze doré avec figure de génie, l'Astronomie.

111 — Deux candelabres à bouquets de lis dans des vases en porcelaine de Chine à mandarins, garniture en bronze en couleur.

112 — Une paire de flambeaux en porcelaine tendre, fond bleu turquoise, décorée de fleurs, monture en bronze doré.

113 — Un vase en porcelaine de Chine bleu-clair à dessins d'or, monture rocaille à deux anses en bronze doré.

114 — Une paire de vases de forme aplatie et à pans, porcelaine de Chine, fond bleu à dessins d'or, pieds rocaille en bronze doré.

115 — Deux beaux vases forme bouteille en porcelaine céladon jaspé, avec riche monture rocaille à deux anses en bronze doré.

116 — Deux belles coupes en porcelaine craquelée de belle qualité ancienne, montée en bronze doré.

117 — Deux grands vases de forme carrée en porcelaine ancien craquelé, à dessins bleus avec très belle monture rocaille à deux anses, en bronze doré.

118 — Deux vases forme bouteille, avec dragons en relief, en porcelaine céladon jaspé de bleu et de rouge, avec riche monture rocaille en bronze doré.

119 — Un vase en ancien craquelé de Chine, avec belle monture style Louis XVI en bronze doré.

120 — Un vase forme bouteille bleu uni, avec belle monture à deux anses en bronze doré.

121 — Un vase forme aplatie en porcelaine de Chine, à médaillons, figures en relief, monture de style oriental en bronze doré.

122 — Une paire de grands vases en porcelaine céladon jaspé de bleu et de rouge, montés en bronze doré.

123 — Une paire de vases en porcelaine de Chine à mandarins, monture rocaille à deux anses en bronze doré.

124 — Une paire de petits vases en porcelaine de Chine à mandarins, avec entourage d'ornements bleus et rouges, monture rocaille à deux anses en bronze doré.

125 — Coupes en porcelaine céladon gauffré, avec bordure d'ornements rehaussés d'or, richement montées en bronze doré.

126 — Deux vases forme de gourde céladon fleuri, ancienne qualité, monture à deux anses en bronze doré.

127 — Deux très belles cassolettes en porcelaine céladon fleuri de la Chine orné de dragons, très riche monture en bronze doré.

128 — Un vase de forme aplatie en porcelaine de Chine bleu uni, monture Louis XVI, en bronze doré.

129 — Une coupe en porcelaine du Japon, décorée de fleurs, avec monture rocaille en bronze en couleur.

130 — Deux vases en porcelaine de Chine, qualité ancienne, belle monture ancienne formant pot-pourri en bronze doré.

131 — Une coupe carrée à coins arrondis en porcelaine de Chine, décorée d'oiseaux et de fleurs, monture à cassolette en bronze

132 — Deux grands et beaux vases en porcelaine de Chine, fond noir richement décorés de fleurs et d'oiseaux émaillés en couleurs variées, monture rocaille à deux anses en bronze doré.

133 — Une belle coupe en porcelaine à mandarins, monture rocaille en bronze doré.

134 — Une autre coupe monture rocaille en bronze doré.

135 — Une paire de potiches en porcelaine du Japon, décor rouge et or.

136 — Une grande potiche en porcelaine du Japon.

137 — Deux cornets en porcelaine de Chine bleu-clair à dessins d'or, monture rocaille en bronze doré.

138 — Une coupe ronde en porcelaine du Japon, monture à trépieds en bronze doré.

139 — Deux vases en porcelaine de Chine, décorés de fleurs, monture rocaille en bronze doré.

140 — Deux coupes en laque burgauté de Chine, monture rocaille en bronze doré.

141 — Un vase en porcelaine du Japon céladon gauffré, avec pied et couvercle en bois de fer, sculpté et découpé à jours.

142 — Deux petites aiguières en porcelaine céladon fleuri de la Chine, monture rocaille en bronze doré.

143 — Un vase en porcelaine de Chine, décoré de dragons et de fleurs, monté en bronze doré.

144 — Deux cassolettes à couvercles en porcelaine du Japon à dessins gauffrés, décor rouge et bleu rehaussé d'or, montées en bronze doré.

145 — Deux aiguières en porcelaine de Chine, décorées de fleurs, montures rocaille en bronze en couleur.

146 — Un bougeoir en porcelaine bleu turquoise à médaillons de fleurs, monture rocaille en bronze doré.

Bronzes & Pendules.

147 — Une pendule style Louis XVI, en bronze doré, avec figures allégoriques, à l'Astronomie.

148 — Une paire de candelabres à bouquets de lis, supporté par des figures de Satyres, sur fûts de colonnes cannelées en bronze doré.

149 — Une pendule style Louis XVI, avec figure, la Dormeuse, en bronze doré, socle en marbre blanc orné de guirlandes en bronze doré.

150 — Une paire de candelabres à dix lumières, supportées par des groupes de figures allégoriques en bronze doré, sur fûts de colonnes cannelées, ornés de guirlandes.

151 — Une paire de candelabres à six branches, supportées par des groupes de deux figures de femmes en bronze doré, sur socles en marbre blanc.

152 — Deux grands candelabres à bouquets de lis placés dans des cornes d'abondance supportées par des figures d'enfants, sur piédestaux ornés de guirlandes, le tout en bronze doré.

153 — Une pendule forme de vase, avec bouquet de fleurs et figures d'enfants en bronze doré.

154 — Une paire de bras à deux branches, style Louis XIV, en bronze doré.

155 — Une autre paire de bras à six branches, rocaille en bronze doré.

156 — Un lustre style Louis XVI, à dix-huit lumières, en bronze doré.

157 — Un petit lustre rocaille à quatorze lumières, bronze doré.

158 — Une grande pendule style Louis XV, ornée de figures d'Amours, d'oiseaux et de guirlandes, bronze doré.

159 — Une petite pendule rocaille, ornée de figures d'enfants en bronze doré.

160 — Un coffre orné de bas-reliefs au pourtour et d'un groupe de figures sur le couvercle, le tout en bronze doré.

161 — Une pendule style Louis XVI, en bronze doré, socle en marbre blanc.

162 — Une paire de candelabres à bouquets de lis supportés par des enfants, le tout en bronze doré sur fûts de colonnes cannelées en marbre blanc.

163 — Une paire de candelabres à six branches, formés par des figures portant des cornes d'abondance en bronze doré, socles en marbre blanc.

164 — Une grande et belle pendule avec son socle en marqueterie, à fleurs de couleurs, bronzes rocaille très riches dorés.

165 — Une paire de candelabres à huit lumières supportées par des figures de Satyres sur

piédestaux ornés de guirlandes. Bronze doré.

166 — Deux candelabres à deux branches dorées, supportées par des figurines en bronze au vert antique sur socles en marbre blanc.

167 — Une paire de candelabres à six branches, formés par des figures d'Amours portant des cornes d'abondance sur fûts de colonnes cannelés ornés de guirlandes, le tout en bronze doré.

168 — Une paire de flambeaux rocaille, style Louis XV, en bronze doré.

169 — Deux bougeoirs en bronze doré.

170 — Une paire de candelabres à bouquets de lis en bronze doré, portés par des figures d'enfants en bronze au vert antique sur fûts de colonnes cannelées en bronze doré.

171 — Une pendule ancienne rocaille du temps de Louis XV, en cuivre doré, avec deux girandoles de même style, aussi en bronze doré.

172 — Un bénitier forme coquille, avec figures d'anges et dauphins en cuivre doré.

173 — Une belle paire de chenets, style Louis XVI, formés par des vases ornés de guirlandes, bronze doré.

174 — Une paire de flambeaux ornés de guirlandes et de mufles de lions, en bronze doré.

175 — Une paire de flambeaux en porcelaine de Sèvres bleu turquoise, monture en bronze doré.
176 — Deux flambeaux à feuillages, bronze doré.
177 — Deux flambeaux style Louis XVI, bronze doré.
178 — Un bougeoir à feuillages en bronze doré.

Meubles en marqueterie et bois rose.

179 — Un meuble en marqueterie de cuivre sur écaille noire et ornements de couleurs, richement garnis de bronzes dorés ; la porte pleine est ornée d'un bas-relief représentant Apollon.
180 — Armoire du temps de Louis XV à portes pleines et tiroirs au-dessus, en marqueterie de bois rose à fleurs, ornements en bronze doré, tablettes en marbre brêche d'Aleps.
181 — Une armoire à deux portes vitrées, en bois rose, avec cariatides et ornements en bronze doré.
182 — Un meuble à hauteur d'appui à deux portes pleines en marqueterie de cuivre sur écaille rouge, orné de bronzes en couleur, tablettes en marbre noir.
183 — Une petite table à ouvrage style Louis XV, avec tablette et tiroir, en bois rose et mé-

daillons en marqueterie de fleurs, garnie en bronze.

184 — Un meuble à hauteur d'appui, à deux portes pleines en marqueterie de cuivre sur écaille rouge, orné de bronze en couleur, tablettes en marbre noir.

185 — Une paire de meubles à hauteur d'appui fermant à deux venteaux en marqueterie de cuivre sur écaille rouge, ornés de bronze en couleur, tablettes en marbre noir.

186 — Une paire de meubles à hauteur d'appui à portes ornées d'une mosaïque en relief, genre de Florence, avec cariatides et ornements en bronze doré, tablettes en marbre noir.

187 — Un petit meuble bonheur du jour en bois rose garni de bronzes dorés.

188 — Un coffre de mariage, style Louis XV, en bois rose, richement garni de bronzes rocailles dorés.

189 — Une paire de consoles contournées, les pieds formant console à volutes avec entre-jambes à X, en marqueterie de cuivre et ornements en couleur sur fond d'écaille rouge, richement ornés de bronzes dorés tablettes en marbre noir.

190 — Un meuble à hauteur d'appui, à deux portes en marqueterie de cuivre sur écaille rouge,

ornements en bronze en couleur, tablettes en marbre noir.

191 — Une petite table de forme contournée en bois de rose, ornée de belles plaques en porcelaine de Sèvres bleu turquoise; médaillons à sujet pastoral et cartel de fleurs, garnie de bronzes dorés.

192 — Un meuble à hauteur d'appui, à portes pleines en marqueterie de cuivre sur écaille rouge garni de bronze.

193 — Un meuble à une porte pleine, marqueterie de cuivre sur écaille rouge, garni de bronzes en couleur, tablettes en marbre noir.

194 — Une petite table à ouvrage style Louis XV, avec tiroirs et tablette d'entre-jambes, en bois de placage, ornée de bronzes en couleur.

195 — Une armoire à deux portes vitrées, en marqueterie de cuivre sur écaille rouge, ornée de bronze en couleur.

196 — Deux gaines en marqueterie de Boule sur écaille noire, style Louis XIV, garnies de bronzes.

197 — Un guéridon à quatre pieds en bois rose, orné de plaques en porcelaine de Sèvres, médaillons à sujet et cartels d'oiseaux et de fleurs, garni de bronze doré.

198 — Un meuble bonheur du jour en bois rose, à deux portes et tiroirs, garni en bronze doré.
199 — Un secrétaire dos d'âne en bois rose orné de plaques en porcelaine et garni de bronzes dorés.
200 — Un petit meuble bonheur du jour formant bureau, forme contournée, en bois rose, richement orné de bronzes dorés.
201 — Deux meubles à hauteur d'appui, de forme contournée, style Louis XV, en bois de rose et bois de palissandre, bronzes en couleur.
202 — Une commode du temps de Louis XV, en laque rouge à dessins d'or, garnie de bronze doré, tablette en marbre vert de mer.
203 — Une grande console du temps de Louis XIV, en bois sculpté et doré, dessus en velours rouge.
204 — Une armoire à hauteur d'appui à portes pleines en bois d'ébène, ornées de filets et d'incrustations en nacre, garnitures en bronze en couleur.
205 — Une table à ouvrage en marqueterie de Boule sur écaille rouge, ornée de bronzes en couleur.
206 — Un coffret en cuivre, travail ancien.
207 — Un guéridon à trois pieds en bois de rose garni de bronze doré.

208 — Un coffret en marqueterie de cuivre et écaille, ornements en bronze.
209 — Un coffret formant pelotte en marqueterie de cuivre et écaille, ornements en bronze.
210 — Un coffret en marqueterie de cuivre et écaille, ornements en bronze.
211 — Un coffret formant pelotte en marqueterie de cuivre, première partie sur écaille rouge, garni de bronzes en couleur.
212 — Une glace à cadre du temps de Louis XIV, en bois sculpté et doré.
213 — Une glace vénitienne avec riche bordure en bois sculpté et doré, enrichi de figures et d'ornements.
214 — Une grande glace à bizeau avec cadre doré très riche d'ornements.

Armes.

215 — Une armure du xvie siècle, avec casque à visière et manteau d'arme en fer poli.
216 — Un petit modèle d'armure en fer en partie doré, du temps d'Henri IV.
217 — Un très beau casque à visière du xvie siècle, en fer doré, entièrement couvert d'arabesques gravées.
218 — Un casque saxon en fer gravé et doré, orné de mascarons à muffles de lion.

219 — Un casque en fer gravé et doré.

220 — Deux fers de lances turques en damas avec arabesques damasquinées d'or.

221 — Un sabre turc avec poignée et fourreau garnis en argent niellé.

222 — Un sabre oriental, poignée en vache marine, fourreau en velours rouge, garnis en argent doré.

223 — Un couteau de chasse, poignée en corne garnie en argent.

224 — Une hache d'arme orientale en damas noir, ornée d'arabesques damasquinées d'or.

225 — Une hache d'arme orientale en damas enrichi d'arabesques damasquinées d'or; la hampe est garnie en argent.

226 — Une autre hache d'armes damasquinée d'or.

227 — Un sabre persan, lame en damas gris, la poignée en ivoire, et le fourreau en cuir gauffré, sont garnis en argent avec ornements champlevés et émaillés.

228 — Un yatagan, fourreau entièrement en argent repoussé, ornements en relief.

229 — Un chanfrain avec têtière en fer gravé, en partie doré, travail du xvi° siècle.

230 — Un couteau algérien, poignée en vache marine, garni en argent et orné de turquoise, avec inscription sur la lame, le fourreau entièrement en argent repoussé.

231 — Un couteau et une fourchette à manches d'argent, dans une gaine en ivoire sculpté représentant la Foi, l'Espérance, la Charité et la Justice.

232 — Deux couteaux à manches de fer ciselé, dans une gaine en peau de chagrin garnie en cuivre.

233 — Une paire de pistolets à rouets du XVI° siècle, monture en bois.

234 — Une hache et une masse d'armes en fer ciselé.

235 — Une grande hallebarde allemande en fer gravé et cinq autres hallebardes non gravées.

236 — Un fusil albanais, monture en bois incrusté et garni en argent.

237 — Un fusil turc, canon ciselé, à monture garnie en argent doré et repoussé.

238 — Un fusil turc garni en argent repoussé et doré.

239 — Une masse d'arme turque en fer ciselé, une pique et une épée en fer.

240 — Un sabre turc, lame en damas, à poignée en corne et fourreau en cuir garni en argent.

241 — Un grand casque en fer repoussé et doré, orné de bas-reliefs à sujets de bataille, le cimier est surmonté d'un dragon ailé, sur le devant du casque est une figure de femme, travail d'une beauté remarquable.

242 — Une carabine de l'Inde, le canon à pans en damas ronceux, enrichi d'arabesques damasquinées en or, monture en bois ornée d'incrustation en cuivre.

243 — Une carabine de l'Inde du même genre.

244 — Une arquebuse à rouet du XVIe siècle, monture en bois.

245 — Une épée du XVIe siècle, la garde et le pommeau en fer, avec ornements gravés et dorés.

246 — Une épée ou estocade, avec garde découpée à jours et gravée.

247 — Une grande épée du XVIe siècle, avec pommeau et garde riches d'ornements en relief.

248 — Un éperon en fer couvert de riches arabesques damasquinées d'or, ouvrage du XVIe siècle.

249 — Un poignard italien du XVIe siècle, avec poignée et garniture de fourreau damasquinés d'or et d'argent.

250 — Un petit poignard, lame découpée à jours, poignée en ébène, fourreau et garniture en fer, incrustés d'ornements en or.

251 — Un poignard dit miséricorde, fourreau et poignée en fer, incrustés d'ornements en argent.

252 — Un poignard du XVIe siècle en fer ciselé.

253 — Un encrier turc en argent avec ornements dorés.

254 — Un couteau avec poignée en ivoire formée par un groupe : David et Judith, garniture du fourreau en argent doré.

255 — Une poire d'amorce en corne garnie en argent, une cartouchière et une poire d'amorce en fer gravé et doré, de travail allemand.

256 — Une paire d'étriers turcs en fer, couverts d'arabesques gravées et dorées.

257 — Une paire d'étriers en fer gravé et doré, avec ornements en argent incrusté du XVI° siècle.

258 — Une paire d'étriers en fer ciselé et poli, travail italien.

259 — Une forte poignée d'épée en fer ciselé, ornée de bas-reliefs, travail du XVI° siècle.

260 — Deux poignées d'épées en fer gravé et acier poli, du temps de Louis XV.

261 — Deux épées modernes à poignées et gardes en cuivre doré.

262 — Deux épées du temps de Louis XV, poignées en fer ciselé et damasquinées d'or.

263 — Un bouclier du XVI° siècle, en fer, couvert d'arabesques gravées.

264 — Un bouclier indien en peau de rhinocéros, orné de six bossettes et d'un croissant en fer damasquinés d'or.

265 — Deux coquilles d'épées en fer ciselé, l'une du temps de Louis XIV et l'autre du temps de Louis XV.

266 — Une poire d'amorce niellée et une plaque de ceinture orientale en argent repoussé.

267 — Un poignard indien, lame cannelée en damas noir, poignée en jade vert sculpté, fourreau en argent.

268 — Un poignard turc, lame en damas gris, incrusté d'or, poignée en jade vert, fourreau garni en fer damasquiné d'or.

269 — Un poignard birman, poignée en corne et fourreau en peau de chagrin, garnis en argent.

270 — Un poignard turc, la lame enrichie de damasquines en or, poignée en jade sculpté, fourreau en velours garni en argent

271 — Un poignard turc, lame en damas gris damasquinée d'or, poignée en jade vert, fourreau en velours rouge garni en argent doré.

272 — Un poignard indien, poignée à garde en jade verdâtre, avec fruits sculptés et découpés à jour, très beau travail.

273 — Deux couteaux orientaux, l'un à manche de jade et l'autre à manche de fer damasquiné d'or.

274 — Une épée allemande du XVI° siècle, avec garde en fer doré.

275 — Un fusil à mèche du XVI° siècle, canon en fer ciselé et doré, la monture en bois incrusté d'arabesques en ivoire.

276 — Deux poignards, l'un à manche en cristal de roche et l'autre à manche en ivoire, tous deux garnis en argent.

277 — Un petit poignard à poignée et monture en argent doré.

278 — Une armure en fer poli, enrichie d'arabesques gravées et dorées, avec casque à visière du XVIe siècle.

279 — Un casque en fer repoussé gravé et doré, remarquable par la hauteur de son cimier, travail du XVIe siècle.

280 — Neuf lames de poignards turcs en damas.

281 — Plusieurs armures et débris d'armures en fer du XVIe siècle.

Bronzes Chinois.

282 — Deux bœufs supportant des figurines assises en bronze chinois, sur socles en bois sculpté.

283 — Deux vases à longs cols avec anses formées par des dragons en bronze chinois sur socles en bois de fer sculpté.

284 — Un poussah assis en bronze.

285 — Un brûle-parfum, en forme de fruits, en bronze chinois.

286 — Un brûle-parfum en bronze chinois, le couvercle surmonté d'une figurine assise sur un cerf.

287 — Un brûle-parfum de forme carrée en bronze chinois, le couvercle est surmonté d'une chimère.
288 — Un poussah et deux chimères en porcelaine céladon bleu turquoise.
289 — Une figurine chinoise tenant une gourde, bronze chinois.
290 — Un cheval en bronze chinois sur socle en bois sculpté à jours.

Ivoires, Émaux, Tapisseries, Soieries et Objets divers de Curiosité.

291 — Un très beau cabinet italien en cuivre doré, entièrement incrusté de corail, avec arabesques émaillées en blanc et en bleu. Ce meuble précieux et de forme monumentale est d'un beau travail.
292 — Un grand médaillon en cuivre doré et émaillé enrichi de figures et d'ornements en corail.
293 — Une gourde orientale en bois incrusté de filets d'argent et enrichi de coraux.
294 — Un grand ouka en cristal garni de ses tuyaux et de son fourneau en porcelaine de Chine.
295 — Un Saint-Ciboire en plaqué.
296 — Un Saint-Sacrement en cuivre doré.

297 — Un groupe de deux figures, Vénus et l'Amour, en ivoire, dans un cadre en bois d'ébène, orné d'arabesques très fines en bois sculpté d'un travail remarquable.

298 — Un bas-relief en ivoire découpé à jours, représentant une des saisons de l'année.

299 — Un beau bas-relief en ivoire représentant Diane et Actéon, cadre en bois noir.

300 — Un Christ en croix en ivoire, dans son cadre en bois sculpté et doré.

301 — Un bas-relief en terre cuite, représentant un sujet allégorique.

302 — Un pot à bière en porcelaine de Chine, dessins en relief, garniture en argent.

303 — Une croix bizantine en cuivre doré, ornée de six médaillons en émaux champ-levés.

304 — Une plaque carrée en émail de Limoges, peinture grisaille, représentant un sujet de sainteté.

305 — Diptyque en émail de Limoges, à peintures coloriées, représentant la descente de croix et la mise au tombeau, monture en bois.

306 — Deux chevaux au galop dont un surmonté d'un Amour, bronze florentin sur socle en bois sculpté.

307 — Un petit cartel pour montre en marqueterie,

sur écaille noire, ornements de cuivre en couleur.

308 — Deux assiettes en émail de Chine fond vert, décor de paysage et fleurs.

309 — Un groupe en bronze, enfant jouant avec un singe.

310 — Un lustre en verre de Venise à 8 lumières.

311 — Dix-huit manches de couteaux en porcelaine de Chine et de Saxe.

312 — Six couteaux de table à manches en verre de Venise, garnis en argent doré; le tout contenu dans une boîte en bois rose.

313 — Une coupe en agate orientale, teinte sardoine, monture en argent doré.

314 — Une boîte à thé en ivoire avec incrustations de nacre de perle, garni en argent.

315 — Une coupe en verre de Venise de forme ronde, et un verre gravé d'un beau travail.

316 — Trois figures chinoises en pierre de lare,

317 — Un bas-relief en cuivre repoussé et doré, représentant la marche de Sylène.

318 — Un petit flambeau et une petite coupe en cristal de roche.

319 — Un coffre en ivoire gravé, anses en argent, ouvrage de l'Inde.

320 — Un étui à deux pipes, en ébène, incrusté d'ivoire et garni en argent.

321 — Deux flacons en cristal gravé, rehaussé de dorures.

322 — Un dessin à l'encre de Chine, sujet d'intérieur, signé FINCKEL, 1794.

323 — Un Christ en croix, formant reliquaire en argent, avec ornements dorés.

324 — Plusieurs tapisseries anciennes.

325 — Un lot en soieries anciennes. (Ce lot sera divisé).

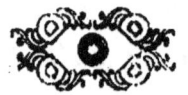

www.ingramcontent.com/pod-product-compliance
Lightning Source LLC
Chambersburg PA
CBHW030104230526
45471CB00003B/1248